Du hast ein großes Herz
und bereitest anderen gerne eine Freude,
hast ein offenes Ohr für ihre Probleme und Sorgen.
Heute möchte ich dir meine Herzenswünsche
für dich mit auf den Weg geben. Sie sollen dich
begleiten und dir zeigen, dass ich an dich denke.
Sie sollen dich aber auch daran erinnern,
dass du es wert bist, dir Zeit für dich zu nehmen
und dir selbst etwas Gutes zu tun.

Trenne dich nie
von deinen

*Illusionen
und
Träumen.*

Wenn sie verschwunden sind,
wirst du weiter existieren,
aber aufgehört haben, zu leben.

Mark Twain

Jede Minute,
die man

lacht,

verlängert
das Leben um
eine Stunde.

aus China

Energie ist ewige *Freude.*

William Blake

In der
Freundschaft
zählen nicht Alter,
weder Rang noch Verwandtschaft
und Beziehung.
Wer einen Freund sucht,
sucht den Charakter.

Mong Dsi

Möge nach jedem Gewitter ein

Regenbogen

über deinem Haus stehen.

Altirischer Segenswunsch

Manchmal lässt sich ein
   Streit nicht vermeiden –
dass es danach

*immer
   wieder aufklart*

und die dicke Luft bereinigt ist,
   das wünsche ich dir.

Man muss
   immer etwas haben,
worauf man sich
freut.

Eduard Mörike

Dass diejenigen,
die bei dir Unterstützung
suchen, *Trost und Hilfe* finden, das
wünsche ich dir.

Kein besseres Heilmittel gibt es im Leid als eines edlen Freundes *Zuspruch.*

Euripides

Ich wünsche dir, dass du
optimistisch
bleibst. Und daran denkst, dass immer
irgendwo eine Tür aufgeht,
wenn sich eine andere geschlossen hat.

Offenheit ist ein Schlüssel, der viele Türen öffnen kann.

Ernst Ferstl

Dass du Menschen
um dich hast,
die dich zum

Lachen

bringen, das wünsche ich dir.

Ich wünsche dir,
dass du einen Menschen
*an deiner
Seite* hast, mit dem du erfährst,
wie sich Liebe anfühlt.

Man muss dem Körper *Gutes* tun, damit
die Seele Lust hat,
darin zu wohnen.

Winston Churchill

Wenn dir alles zu viel wird,
wünsche ich dir, dass du dir bewusst
eine Auszeit nimmst und

dir ein wenig Ruhe gönnst.

Ich wünsche dir,
dass du die
Vergangenheit loslassen
kannst und dem Neuen
mit Offenheit,
Freude und Neugier
entgegenblickst.

Lass dich inspirieren!

Überall hat man den *Himmel* über sich.

Francesco Petrarca

Dass jeden Tag
ein kleines
Glück
auf dich wartet,
das wünsche ich dir.

Deine erste Pflicht ist,
 dich selbst glücklich zu machen.
Bist du glücklich,
 so machst du auch andere
glücklich.

Ludwig A. Feuerbach

Ich wünsche dir, dass du
alles daran setzt, deine

*Ziele
und Wünsche*

zu erreichen. Dass du
es wagst, unbekannte
Wege zu gehen und
auch kleine Umwege nicht
scheust, sondern sie
als Chance begreifst.

Die Stille

stellt keine Fragen,
aber sie kann uns
auf alles eine Antwort
geben.

Ernst Ferstl

Wenn du
mal unsicher bist,
wünsche ich dir,
dass du dir selbst
treu bleibst, auf dein

Bauchgefühl

hörst
und dich nicht
von anderen
beeinflussen lässt.

Wenn das ganze
Jahr über
Urlaub
wäre, wäre das
Vergnügen so langweilig
wie die Arbeit.

William Shakespeare

Die ganze Vielfalt,
der ganze Reiz,
die ganze Schönheit
des Lebens
besteht aus
*Schatten
und Licht.*

Leo N. Tolstoi

Ich wünsche dir, dass du auch die Schattenseiten des Lebens annehmen kannst.
Erst durch sie lernst du die *Sonnenseiten* wirklich zu schätzen und auszukosten.

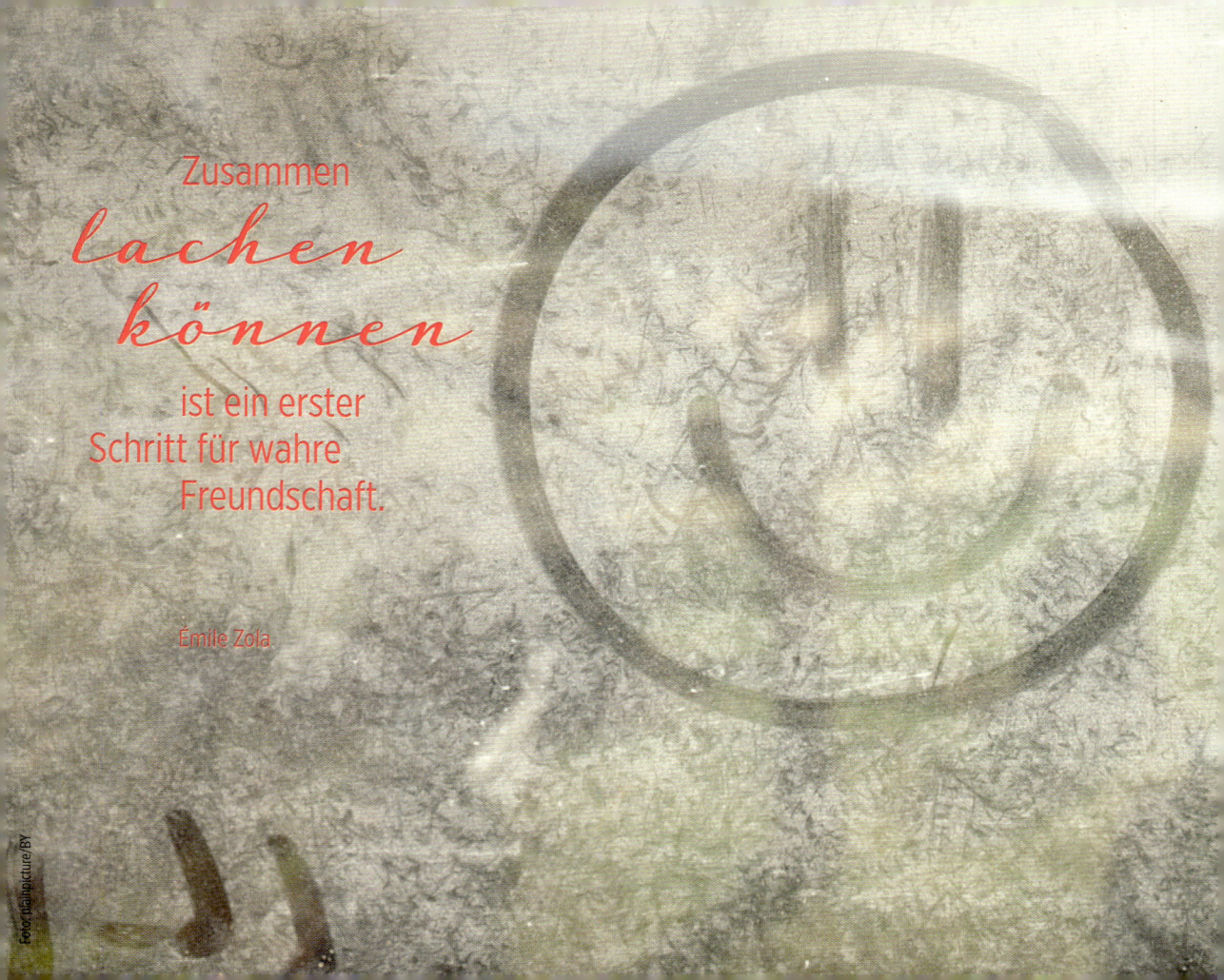

Zusammen *lachen können* ist ein erster Schritt für wahre Freundschaft.

Émile Zola

Was ich dir
von Herzen wünsche:
Dass jeder Tag
mit einer Prise

herzhaften Lachens

gewürzt ist.

Man kann grundverschieden sein und sich doch bestens verstehen.

Gute Freunde,

die genau das schätzen und mit denen du Licht und Schatten teilst, die wünsche ich dir.

Foto: DAJ/Getty Images

Ein jeder hat seine
eigene Art,

*glücklich
zu sein,*

und niemand darf
verlangen, dass man es
in der seinigen soll.

Heinrich von Kleist

Ich wünsche dir,
dass die Sonnentage
in deinem Leben überwiegen,
du aber auch in
Schlechtwetterphasen
deine
Lebensfreude
behältst.

Die Freude ist
das Leben durch einen
Sonnenstrahl
hindurch gesehen.

Carmen Sylva

Foto: jartz/photocase.com

Freunde sind *Wegweiser* zum wahren Ich.

Thomas Romanus

Wenn du mal
nicht weiter weißt,
wünsche ich dir
ein gutes Gespräch
mit einem *lieben
Menschen,*
das dir bei
deiner Entscheidung hilft.

Eine schwere Zeit
ist wie ein dunkles Tor.
Trittst du hindurch,
trittst du *gestärkt*
hervor.

Hugo von Hofmannsthal

Ich wünsche dir, dass du immer an dich glaubst und *darauf vertraust,* dass dich auch nach einer schweren Zeit das Glück wieder findet.

In der *Idee* leben,
heißt das Unmögliche
behandeln, als ob
es möglich wäre.

Johann Wolfgang von Goethe

Dass du deiner
Fantasie
freien Lauf lässt und in deinen
Träumen auch das Unmögliche
Wirklichkeit wird,
das wünsche ich dir.

Ich wünsche dir,
einen Stern,
der dir Orientierung
gibt und den Weg
zeigt, wenn du
mal nicht weiter weißt.

Möge über deinem *Lebensweg* immer ein glücklicher Stern strahlen.

unbekannt

Ich wünsche dir,
dass du selbstbewusst
dein Leben meisterst.
Dass du

deine

Stärken

gekonnt zu nutzen weißt,
aber auch keine
Angst davor hast,
deine Schwächen
zu zeigen.

Es ist verdammt
schwer, einen
Menschen
zu nehmen wie er ist,
wenn er sich
anders gibt, als er ist.

Ernst Ferstl

Wenn man
seine Ruhe
nicht in sich findet,
ist es zwecklos,
sie andernorts zu suchen.

François de la Rochefoucauld

Ich wünsche dir, dass du dir kleine Inseln der Ruhe schaffst, auf die du dich von Zeit zu Zeit zurückziehen kannst, um neue *Kraft* zu schöpfen.

Alle Weisheit ist
langsam.

Christian Morgenstern

Ich wünsche dir, dass du auch in Situationen, in denen die Zeit zu drängen scheint, in deinem ganz eigenen

Tempo

vorgehen kannst.

Zufriedenheit ist wertvoller als Reichtum.

aus Frankreich

Ich wünsche dir

Zufriedenheit

mit dem, was du hast.
Und dass du nicht zu oft darüber nachdenkst,
was dir fehlen könnte.

Foto: Mnchen/photocase.com

Menschen zu finden,
die mit uns fühlen
und empfinden,
ist wohl das
schönste
*Glück
auf Erden.*

Carl Spitteler

Freundschaften geben uns Halt und Sicherheit. Ich wünsche dir *Freunde*, die dich begleiten und auch in stürmischen Zeiten nicht von deiner Seite weichen.

Hoffnung
ist der erste Schritt
auf unserem Weg,
Träume zu verwirklichen.

Jeremy A. White

Träume, Wünsche
und Hoffnungen zu hegen,
zeichnet den Menschen aus.
*Lass dich ihrer
nicht berauben.*

Ich wünsche dir,
dass du viele laue
Sommerabende genießt.
Dass du leicht und
unbeschwert durch
die Nacht schwebst
und dich
frei
wie ein Vogel
fühlst.

Die Freude
und das Lächeln sind der
Sommer des Lebens.

Jean Paul

Ich wünsche dir,
dass du mit
offenen Augen
durch die Welt gehst
und entdeckst, wie viel Großartiges
es in deinem Alltag gibt,
wenn du dir die Zeit nimmst,
darauf zu achten.

Die Schönheit der Dinge lebt in der *Seele* dessen, der sie betrachtet.

David Humme

Ich wünsche dir,
dass du deine
Ziele
nicht aus dem Blick
verlierst und erreichst,
was du dir vornimmst.

Glücklich ist, wer ein Ziel hat und
ein neues findet,
wenn er das alte erreichte.

Willy Möbius

Glück
ist das einzige, was wir
anderen geben können,
ohne es selbst zu haben.

Carmen Sylva

Foto: plainpicture/Julia Blank

Dass du
gerne gibst
und dadurch noch
mehr zurückbekommst,
das wünsche ich dir.

Was wäre das Leben, hätten wir nicht den *Mut,* etwas zu riskieren?

Vincent van Gogh

Den Mut zu haben,
über den Tellerrand
zu sehen und furchtlos
neue Herausforderungen
in Angriff zu nehmen,
das wünsche ich dir!

Mensch:
ein vernunftbegabtes Wesen,
das immer dann die
Ruhe verliert, wenn von ihm
verlangt wird, dass es nach
Vernunftgesetzen handeln soll.

Oscar Wilde

Wenn es im Schneckentempo vorangeht, dann wünsche ich dir Ausdauer und Geduld. Nutz diese Momente um dich *auf dich zu besinnen.*

Ich wünsche dir,
dass du jemanden hast,
mit dem du
dich auch
ohne Worte
verstehst.

Liebe ist die einzige Sprache, die auch ohne Worte auskommt.

Gudrun Kropp

Es gibt überall
Blumen
für den, der sie sehen will.

Henri Matisse

Ich wünsche dir,
dass du auch
an grauen
Tagen bunte
Farbtupfer
findest, die dich
aufmuntern und auf andere
Gedanken bringen.

Zeit,
die wir uns nehmen,
ist Zeit,
die uns etwas gibt.

Ernst Ferstl

Ich wünsche dir, dass du dich
auch an turbulenten Tagen
nicht aus der Ruhe bringen lässt
und Zeit findest, tief durchzuatmen

und zu entspannen.

Die schwierigste Zeit
   in unserem Leben ist
die beste Gelegenheit,

innere Stärke

zu entwickeln.

Dalai Lama

Glaub an dich!

Ich wünsche dir,
dass du deine innere
Stärke nutzt, wenn
du sie benötigst.

Was der *Sonnenschein* für die Blumen ist, das sind lachende Gesichter für die Menschen.

Joseph Addison

Dass du deinen
Humor
behältst und
Menschen um
dich hast, die diesen
mit dir teilen,
das wünsche ich dir.

Um einen fröhlichen Tag
zu erleben,
muss man einen
fröhlichen
Tag erwarten.

Waldemar Bonsels

Dass du jeden Tag mit einem

Lächeln

beginnen kannst,
auch wenn du mal mit dem
falschen Fuß aufgestanden bist,
das wünsche ich dir.

Dass dich jemand von ganzem *Herzen* liebt und du ihn, das wünsche ich dir.

Es gibt nichts
Schöneres,
als geliebt zu werden,
geliebt um seiner selbst
willen oder vielmehr
trotz seiner selbst.

Victor Hugo

Der höchste
Genuss
besteht in der
Zufriedenheit
mit sich selbst.

Jean-Jacques Rousseau

Schönheit

blüht oft im Verborgenen.
Dass du dich
nicht versteckst,
sondern weißt,
dass deine bunten Facetten
dich einzigartig machen,
das wünsche ich dir.

Willst du dich am Ganzen erquicken, so musst du das Ganze im *Kleinsten* erblicken.

Johann Wolfgang von Goethe

Momente voller
Leichtigkeit,
an denen keine
Sorgen deine Freude
trüben und du dich
ganz der Schönheit
des Moments widmen kannst,
das wünsche ich dir.

Das Schönste im
Leben ist der
Wunsch,
das Nächstschönste
die Erfüllung.

Margaret Mitchell

Ich wünsche dir,
dass ab und zu
ein echter
Herzenswunsch
für dich in
*Erfüllung
geht.*

Foto: complize/photocase.com

Wie wertvoll die Gesundheit ist,
erkennt man bereits daran,
dass es sehr viele Krankheiten,
aber nur eine
Gesundheit gibt.

Ernst Ferstl

Ich wünsche dir, dass du
gesund und munter
bleibst und dich nichts aus der Bahn werfen kann.

Ein Mensch, der nicht manchmal das Unmögliche wagt, wird das *Mögliche* nie erreichen.

Max von Eyth

Ich wünsche dir
günstigen Wind,
wenn du eine neue Aufgabe anpackst. Mit einer großen Portion Zuversicht und Begeisterung kommst du gut voran.

*Die
beste Zeit,*
etwas zu tun,
ist immer jetzt.

Kurt Haberstich

Ich wünsche dir,
dass es dir gut geht und du
das Hier und Jetzt genießt.
Denk nicht ständig darüber nach,
was morgen ist, sondern
lebe den Moment.

Die Glücklichen

sind neugierig.

Friedrich Nietzsche

Dass du voller
Tatendrang
bist und immer wieder
neue Gipfel erklimmst, das wünsche ich dir.
Und dass du dabei auch erkennst, wann es Zeit für
eine Pause ist, um neue Kräfte zu sammeln.

Drei Dinge helfen,
die Mühseligkeiten
des Lebens zu tragen:
die Hoffnung, der Schlaf
und das Lachen.

Immanuel Kant

Ich wünsche dir ein erfülltes Leben –
voller Liebe, Lebensfreude *und Lachen.*

Ich wünsche dir die Freiheit, auch mal kleinen *Versuchungen* nachzugeben.

Wir brauchen den Appetit der *Neugier,* um in den Genuss neuer Entdeckungen zu kommen.

Ernst Ferstl

Wenn dich das
 Regenwetter
betrübt,
mal dir eine *Sonne*
 ans Fenster.

Dagmar Bulmann

Ich wünsche dir,
dass du auch an trüben
Tagen gut gelaunt
durchs Leben gehst.

Ich wünsche dir ab und an ein kleines *Abenteuer*, das deinem Leben ein bisschen Nervenkitzel verleiht. Denn der Alltag wird spannender und aufregender, wenn es hin und wieder rund geht.

Das Leben ist
zu aufregend,
als dass man
gemütlich darin
herumsitzen dürfte.

Peter Bamm

Das *Herz* bleibt ein Kind.

Theodor Fontane

Ich wünsche dir, dass dir das Leben zu allen Zeiten die *schönsten Gedanken und Erlebnisse* in dein Herz schreibt.

Ohne Glauben an ihre Dauer wäre die *Liebe* nichts, nur Beständigkeit macht sie groß.

Honoré de Balzac

Dass du jemanden hast,
der mit dir durch die
*Höhen
und Tiefen*
des Lebens geht und
dich auffängt, wenn
du das Gefühl hast zu fallen,
das wünsche ich dir.

Die Fähigkeit, das Wort Nein auszusprechen, ist der erste Schritt zur *Freiheit*.

Nicolas Chamfort

Ich wünsche dir
die Stärke,
auch einmal *Nein*
zu sagen.

Nichts lockt die *Fröhlichkeit* mehr an als die Lebenslust.

Ernst Ferstl

Ich wünsche dir, dass es oft
Situationen gibt, in denen du
wie ein Kind vor Freude
Luftsprünge
machst und jubelst.

Auch wenn nicht alle
Wünsche in Erfüllung gehen können
wünsche ich dir den

Mut, deine Träume zielstrebig
zu verfolgen.

Wünsche sind nie klug.
Das ist sogar das
Beste an ihnen.

Charles Dickens

Glück entsteht oft
durch Aufmerksamkeit
in kleinen Dingen, Unglück oft
durch Vernachlässigung
kleiner Dinge.

Wilhelm Busch

Ich wünsche dir Glück im Leben.
   Mögest du immer wieder über kleine
      Wunder stolpern, die deine Tage

erhellen

   und dein Leben besonders machen.

Das schönste Denkmal, das ein Mensch bekommen kann, *steht in den Herzen der Mitmenschen.*

Albert Schweitzer

Foto: Evgenia Smirnova/fotolia

Ich wünsche dir Begegnungen
im Leben, die dich

beflügeln

und an die du dich
gerne zurückerinnerst.

Wenn sich dir unerwartet Türen öffnen, wünsche ich dir den Mut, deine gewohnte Umgebung zu verlassen und dich *auf das Neue einzulassen.*

Dem wahrhaft *Neugierigen* erschließt sich alles, was das Leben zu bieten hat.

William Morris Davis

Wenn es einen Glauben gibt, der Berge versetzen kann, so ist es der Glaube an die *eigene Kraft.*

Marie von Ebner-Eschenbach

Es kann nicht immer die Sonne für einen scheinen.
Dass du in schweren Zeiten aus den
schönen Momenten umso mehr Kraft schöpfst
und das Leben von seiner
*positiven
Seite* siehst, das wünsche ich dir.

Foto: plainpicture/Anja Weber-Decker

Was immer du tun
kannst oder wovon
du träumst – *fang
damit an.*
Mut hat Genie, Kraft
und Zauber in sich.

Johann Wolfgang von Goethe

Dass deine Wünsche und
Träume dich beflügeln,
das ist mein
Herzenswunsch
für dich.

Der *Freund* ist einer, der alles von dir weiß, und der dich trotzdem liebt.

Elbert Hubbard

Ich wünsche dir gute Freunde,
die dich stützen, wenn du zu kentern drohst, und die
an deiner Seite stehen,
wenn deine Welt
ins Wanken gerät.

Ich wünsche dir
viele sonnige Stunden,
in denen du das Licht
und die Wärme
spürst und
*neue
Energie*
tanken kannst.

Die Sonne

scheint für dich, deinethalben,
und wenn sie müde wird,
fängt der Mond an, und dann
werden die Sterne angezündet.

Søren Kierkegaard

Glück ist wie ein Schmetterling.
Will man es einfangen, so entwischt es einem immer wieder. Doch wenn du *geduldig* abwartest, lässt es sich vielleicht auch von selbst auf deiner Hand nieder.

Nathaniel Hawthorne

Ich wünsche dir viele Augenblicke, in denen du vor lauter Glück *Schmetterlinge im Bauch* hast.

Foto: Jasmina/Getty Images

Sei eine *erstklassige Ausgabe* deiner selbst, keine zweitklassige von jemand anderem.

Judy Garland

Ich wünsche dir, dass du dich oft
so richtig fit und stark, mutig
und schlau und einfach
rundum schön
fühlst.

Ich wünsche dir, dass du dir jeden Tag *ein Stück vom Glück* angelst.

Man sieht oft etwas hundert Mal,
tausend Mal, ehe man es zum
allerersten *Mal wirklich sieht.*

Christian Morgenstern

Dass du *Liebe* geben kannst und empfängst, und dass du viele Menschen um dich hast, die du gern magst, das ist mein Herzenswunsch für dich.

Es muss *von Herzen kommen,* was auf Herzen wirken soll.

Johann Wolfgang von Goethe

Zum Glück brauchst du Freiheit, zur Freiheit brauchst du *Mut.*

Perikles

Die *Freiheit,* zu sagen, was du denkst, und zu tun, wonach dir der Sinn steht, das wünsche ich dir! Auch dann, wenn du manches Mal Gegenwind spürst.

Das größte
Hindernis
in unserem
Leben sind wir selbst.

Gudrun Zydek

Dass du dir *ein Herz fasst* und auch mal über deinen Schatten springst, auch wenn es dir schwerfällt – das wünsche ich dir.

Dem Fröhlichen gehört
die Welt, die Sonne und das
Himmelszelt.

Theodor Fontane

Es gibt viele Quellen
der Inspiration.
Dass du nur so

sprudelst

vor neuen Ideen und dabei auch
andere ansteckst, das wünsche
ich dir von Herzen.

Man muss die *Feste feiern,* wie sie fallen.

Deutsches Sprichwort

Viele Gründe, das Leben
– auch ohne besonderen Anlass –
zu feiern,
die wünsche ich dir.

Dass dir jemand einen
stressigen Tag mit einem Lächeln

versüßt,

das wünsche ich dir.

Ein *Lächeln* schafft Zugang zum Herzen.

Brigitte Theilen

Ich wünsche dir, dass du glücklich bist und dein Leben *in vollen Zügen* genießt.

Es ist schwer, das *Glück* in uns zu finden und es ist ganz unmöglich, es anderswo zu finden

Nicolas Chamfort

Ich wünsche dir die Fähigkeit,
kurz innezuhalten,
tief durchzuatmen
und dich auf das Wesentliche
zu konzentrieren –
auch wenn es um dich
herum heiß hergeht.

Innehalten
so dann und wann
ist das *Kostbarste,*
was wir uns selbst
schenken können.

Gudrun Kropp

Dass du die Welt
ab und zu
*durch
Kinderaugen*
siehst, das
wünsche ich dir.
Staune über Dinge
und nimm nicht
alles so ernst.

Foto: Francesca Schellhaas/photocase.com

Mit Kindern zusammen zu sein, ist *Balsam für die Seele.*

Fjodor M. Dostojewskij

Ich wünsche dir ganz viele *besondere Augenblicke,* die du wie einen kostbaren Schatz in deinem Herzen bewahren kannst.

Was man vergisst
hat man im Grunde
nicht *erlebt.*

Ernst R. Hauschka

Ich wünsche dir einen Menschen
in deinem Leben,
mit dem alles
doppelt so schön ist.

Die Summe unseres Lebens sind *die Stunden, in denen wir lieben.*

Wilhelm Busch

Ich wünsche dir,
dass du dir niemals
den Wind
aus den Segeln nehmen lässt.

Die Kunst,
ein Hindernis
zu nehmen, besteht oft darin,
es nicht für ein solches zu halten.

Peter Sirius

Ich wünsche dir viele Momente,
in denen du am liebsten
die ganze Welt umarmen möchtest.

Schön

ist eigentlich alles,
was man mit Liebe
betrachtet. Je mehr
jemand die Welt liebt,
desto schöner wird
er sie finden.

Christian Morgenstern

Die Hoffnung ist der *Regenbogen* über dem herabstürzenden Bach des Lebens.

Friedrich Nietzsche

Dass du nie die

Hoffnung

aufgibst,
egal wie trüb die
Aussichten auch
sein mögen, das
wünsche ich dir.

Für schwierige Aufgaben
wünsche ich dir

*Tatkraft
und Leidenschaft.*

Du wirst sehen,
dass du sie mit Bravour meistern kannst.

Wenn man *Spaß* an einer Sache hat,
dann nimmt man sie auch ernst.

Gerhard Uhlenbruck

Ich wünsche dir jeden Tag eine *schöne Überraschung.*

Stets findet *Überraschung* statt. Da, wo man`s nicht erwartet hat.

Wilhelm Busch

Ich wünsche dir,
dass du auch mal
einen ganzen Tag
vertrödelst
und kein schlechtes
Gewissen dabei hast.

Die Arbeit ist
    etwas Unnatürliches.
Die Faulheit allein ist
    göttlich.

Anatole France

Oh welcher *Zauber* liegt
in diesem kleinen Wort:
Daheim.

Emanuel Geibel

Ich wünsche dir,
dass es
einen Ort gibt,
an dem du dich
*sicher und
geborgen*
fühlst
und wo Menschen
auf dich warten,
die dich
genau so lieben,
wie du bist.

Mit Kummer kann man
allein fertig werden,
aber um sich aus vollem Herzen
freuen zu können,
muss man die

*Freude
teilen.*

Mark Twain

Ich wünsche dir,
dass du Menschen
um dich hast,
mit denen du schöne
Momente

teilen

kannst.

Ich wünsche dir
unvergessliche Erlebnisse
und Unternehmungen,
nach denen du dich
*wie neu
geboren* fühlst.

Gib jedem Tag die Chance, der *schönste* deines Lebens zu werden.

Mark Twain

Ohne den Glauben an unsere *Einzigartigkeit* fehlt uns der Schlüssel zur Tür unseres Selbstbewusstseins.

Ernst Ferstl

Ich wünsche dir,
dass du so bleibst,
wie du bist
und dich von nichts
und niemandem
verbiegen lässt.

Dass dich auch
in schwierigen Lebenslagen

*liebe
Menschen*

begleiten und dir helfen,
dein Leben wieder
in positivem Licht zu sehen,
das ist mein Wunsch für dich.

Anteilnehmende Freundschaft macht das Glück *strahlender* und erleichtert das Unglück.

Marcus Tullius Cicero

Geburtstagskalender

1
1.
2.
3.
4.
5.
6.
7.
8.
9.
10.
11.
12.
13.
14.
15.
16.
17.
18.
19.
20.
21.
22.
23.
24.
25.
26.
27.
28.
29.
30.
31.

2
1.
2.
3.
4.
5.
6.
7.
8.
9.
10.
11.
12.
13.
14.
15.
16.
17.
18.
19.
20.
21.
22.
23.
24.
25.
26.
27.
28.
29.

3
1.
2.
3.
4.
5.
6.
7.
8.
9.
10.
11.
12.
13.
14.
15.
16.
17.
18.
19.
20.
21.
22.
23.
24.
25.
26.
27.
28.
29.
30.
31.

4
1.
2.
3.
4.
5.
6.
7.
8.
9.
10.
11.
12.
13.
14.
15.
16.
17.
18.
19.
20.
21.
22.
23.
24.
25.
26.
27.
28.
29.
30.

5
1.
2.
3.
4.
5.
6.
7.
8.
9.
10.
11.
12.
13.
14.
15.
16.
17.
18.
19.
20.
21.
22.
23.
24.
25.
26.
27.
28.
29.
30.
31.

6
1.
2.
3.
4.
5.
6.
7.
8.
9.
10.
11.
12.
13.
14.
15.
16.
17.
18.
19.
20.
21.
22.
23.
24.
25.
26.
27.
28.
29.
30.

7

1.
2.
3.
4.
5.
6.
7.
8.
9.
10.
11.
12.
13.
14.
15.
16.
17.
18.
19.
20.
21.
22.
23.
24.
25.
26.
27.
28.
29.
30.
31.

8

1.
2.
3.
4.
5.
6.
7.
8.
9.
10.
11.
12.
13.
14.
15.
16.
17.
18.
19.
20.
21.
22.
23.
24.
25.
26.
27.
28.
29.
30.
31.

9

1.
2.
3.
4.
5.
6.
7.
8.
9.
10.
11.
12.
13.
14.
15.
16.
17.
18.
19.
20.
21.
22.
23.
24.
25.
26.
27.
28.
29.
30.

10

1.
2.
3.
4.
5.
6.
7.
8.
9.
10.
11.
12.
13.
14.
15.
16.
17.
18.
19.
20.
21.
22.
23.
24.
25.
26.
27.
28.
29.
30.
31.

11

1.
2.
3.
4.
5.
6.
7.
8.
9.
10.
11.
12.
13.
14.
15.
16.
17.
18.
19.
20.
21.
22.
23.
24.
25.
26.
27.
28.
29.
30.

12

1.
2.
3.
4.
5.
6.
7.
8.
9.
10.
11.
12.
13.
14.
15.
16.
17.
18.
19.
20.
21.
22.
23.
24.
25.
26.
27.
28.
29.
30.
31.

Geburtstagskalender

Glück, Liebe, Freude
 und Zuversicht wünsche ich dir.
All diese guten Dinge
 sollen immer einen Platz
in deinem Herzen haben,
 denn sie sind es,
*die das Leben
ausmachen.*

TRÄUMEREIEN   WÜNSCH DIR WAS

GLÜCK   OPTIMISMUS
— KLEINE —
WUNDER

Einen ein JA
guten
Tag   SCHENKEN

Unsere Wünsche stehen für das, wovon wir träumen und wonach wir streben. Wenn uns jemand etwas wünscht, bestärkt uns dies. Wir wissen: Ich bin nicht allein auf meinem Weg, jemand glaubt an mich. Ganz gleich, was man gerade braucht: viel Glück, viel Kraft oder etwas Mut. Seit 1928 formulieren und übermitteln wir bei GROH Wünsche, die von Herzen kommen. Alles Gute!

Ihr Joachim Groh

Hier werden Wünsche wahr.

Botschaften, die von Herzen kommen, finden Sie auf:
www.groh.de
facebook.com/grohverlag

Idee und Konzept:
GROH Verlag. Das Werk einschließlich seiner Teile ist urheberrechtlich geschützt. Jede Verwertung außerhalb der engen Grenzen des Urheberrechtsgesetzes ist ohne Zustimmung des Verlages unzulässig und strafbar. Das gilt insbesondere für Kopien, Einspeicherung und Verarbeitung in elektronischen Systemen. Printed in Malaysia.

Textnachweis:
Wir danken allen Autoren, die uns freundlicherweise die Erlaubnis zum Abdruck ihrer Texte gegeben haben, sowie dem Verlag C. H. Beck für den Text von Albert Schweitzer auf S. 126 © C. H. Beck Verlag, München.

Bildnachweis:
Titelbild: 68/Jade Brookbank/Ocean/Corbis

Satz und Layout:
Sandra Gramisci, Franziska Misselwitz, Ileana Soana

ISBN 978-3-8485-1444-1
© GROH Verlag GmbH, 2014

Die nachhaltige Waldbewirtschaftung und die verantwortungsvolle Gewinnung des Rohstoffs Papier ist uns ein Anliegen. Daher werden alle Buch- und Kalender-Neuheiten auf FSC®-zertifiziertem Papier gedruckt.

MIX
Papier aus verantwortungsvollen Quellen
FSC® C012700